L'Asie

racontée aux enfants

Mise en page : Valérie Roland
Photogravure : IGS

Retrouvez toutes nos parutions sur :
www.lamartinierejeunesse.fr
www.lamartinieregroupe.com

© 2009, Éditions De La Martinière, une marque de La Martinière Groupe, Paris

Conforme à la loi n° 49-956 du 16 juillet 1949 sur les publications destinées à la jeunesse.
ISBN : 978-2-7324-3977-8
Dépôt légal : octobre 2009
Imprimé en Belgique par Proost
Achevé d'imprimer en juillet 2009

L'Asie
racontée aux enfants

**Stefan Rousseau
et Alexandre Messager**
avec la collaboration de Boris Martin

Illustrations Heidi Jacquemoud

De La Martinière
Jeunesse

Sommaire

Introduction 10-11

Carte 12-13

Plusieurs continents en un seul 14-15

Le continent de tous les records 16-17

L'Asie est-elle surpeuplée ? 18-19

Où commence et où s'arrête l'Asie… 20-21

Le toit du monde 22-23

Animaux symboles 24-25

Des forêts dans l'eau 26-27

Le berceau de l'agriculture 28-29

L'Art des jardins 30-31

Le riz : une culture ancestrale 32-33

Le thé, une boisson…
et une philosophie ! 34-35

Le paradis des épices 36-37

Le peuple des steppes 38-39

L'invention de l'écriture 40-41

L'Empire du Milieu 42-43

Une cité surgit de la jungle 44-45

Les civilisations du sacré 43-47

La société indienne 48-49

Dictatures militaires 50-51

Tensions et guerres 52-53

Un pays coupé en deux 54-55

Toujours plus haut, toujours plus grand ! 56-57

Un barrage spectaculaire 58-59

L'Asie : le continent de la pêche 60-61

Les plus grands archipels du monde 62-63

L'Asie, reine de l'économie ? 64-65

Une banque pour les pauvres 66-67

Quel avenir pour les femmes ? 68-69

L'art de l'écriture chinoise 70-71

Les théâtres traditionnels 72-73

« Bollywood » à la conquête du cinéma? 74-75

Introduction

L'Asie, un continent entre tradition et modernité

Continent gigantesque, l'Asie a toujours fasciné les hommes du monde entier qui ont essayé d'en découvrir les mystères et les richesses. La soie qui compose nos vêtements et les épices qui relèvent nos plats ont parcouru des milliers de kilomètres et des dizaines de siècles avant d'arriver jusqu'à nous.

Des terres froides de Sibérie aux îles paradisiaques de l'Indonésie, de Jérusalem, la ville sainte, au Japon des sumos (des lutteurs traditionnels) et des robots, l'Asie est un puzzle de langues, de couleurs, de parfums, de paysages, mais surtout d'hommes, de femmes et d'enfants qui portent en eux des trésors d'enseignement. Les Asiatiques ont donné naissance à de belles civilisations, à de grandes religions, à des philosophies qui nous aident à comprendre le monde dans lequel nous vivons.

L'Asie est le berceau d'inventions qui se sont répandues partout. Le monde persan vit naître

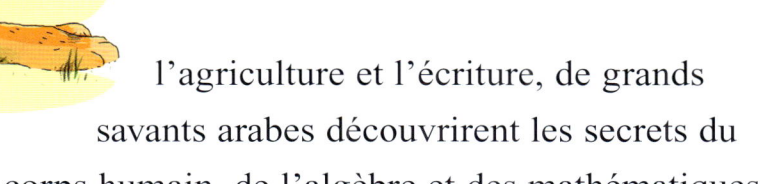

l'agriculture et l'écriture, de grands savants arabes découvrirent les secrets du corps humain, de l'algèbre et des mathématiques. Les Indiens inventèrent le « zéro », les Chinois le papier-monnaie, l'imprimerie, la roue, la boussole et même… les spaghettis !

Riche de ce passé, l'Asie est pourtant bien installée dans le monde actuel. Trop de guerres, de violences et de pauvreté déchirent ce continent. Mais les Asiatiques regardent vers l'avenir et ne demandent qu'à dialoguer avec le monde qui les entoure. C'est pour cela qu'il est important de mieux connaître ce continent et ses habitants. Et comme le dit un proverbe chinois : « Ce que l'on apprend pendant l'enfance est mieux gravé que dans la pierre. » Bon voyage en Asie !

Le continent asiatique comprend 48 pays :

Afghanistan
Kaboul

Arabie Saoudite
Riyad

Arménie
Erevan

Azerbaïdjan
Bakou

Bahreïn
Manama

Bangladesh
Dhâkâ

Bhoutan
Thimphu

Brunei
Bandar Seri Begawan

Cambodge
Phnom Penh

Chine (République Populaire de)
Beijing

Taïwan
Taipei

Corée du Nord
Pyongyang

Corée du Sud
Séoul

Émirats Arabes Unis
Abou Dabi

Géorgie
Tbilissi

Inde
New Delhi

Indonésie
Jakarta

Iran
Téhéran

Iraq
Bagdad

Israël
Jérusalem Tel Aviv

Japon
Tokyo

Jordanie
Amman

Kazakhstan
Astana

Kirghizistan
Bichkek

Koweït
Koweït

Laos
Vientiane

Liban
Beyrouth

Malaisie
Kuala Lumpur

Maldives
Malé

Mongolie
Oulan-Bator

Myanmar/Birmanie
Naypyidaw

Népal
Katmandou

Oman
Mascate

Ouzbékistan
Tachkent

Pakistan
Islâmâbâd

Philippines
Manille

Qatar
Doha

Russie
Moscou

Singapour
Singapour

Sri Lanka
Colombo

Syrie
Damas

Tadjikistan
Douchanbé

Thaïlande
Bangkok

Timor oriental
Dili

Turkménistan
Achgabat

Turquie
Ankara

Vietnam
Hanoï

Yémen
Sanaa

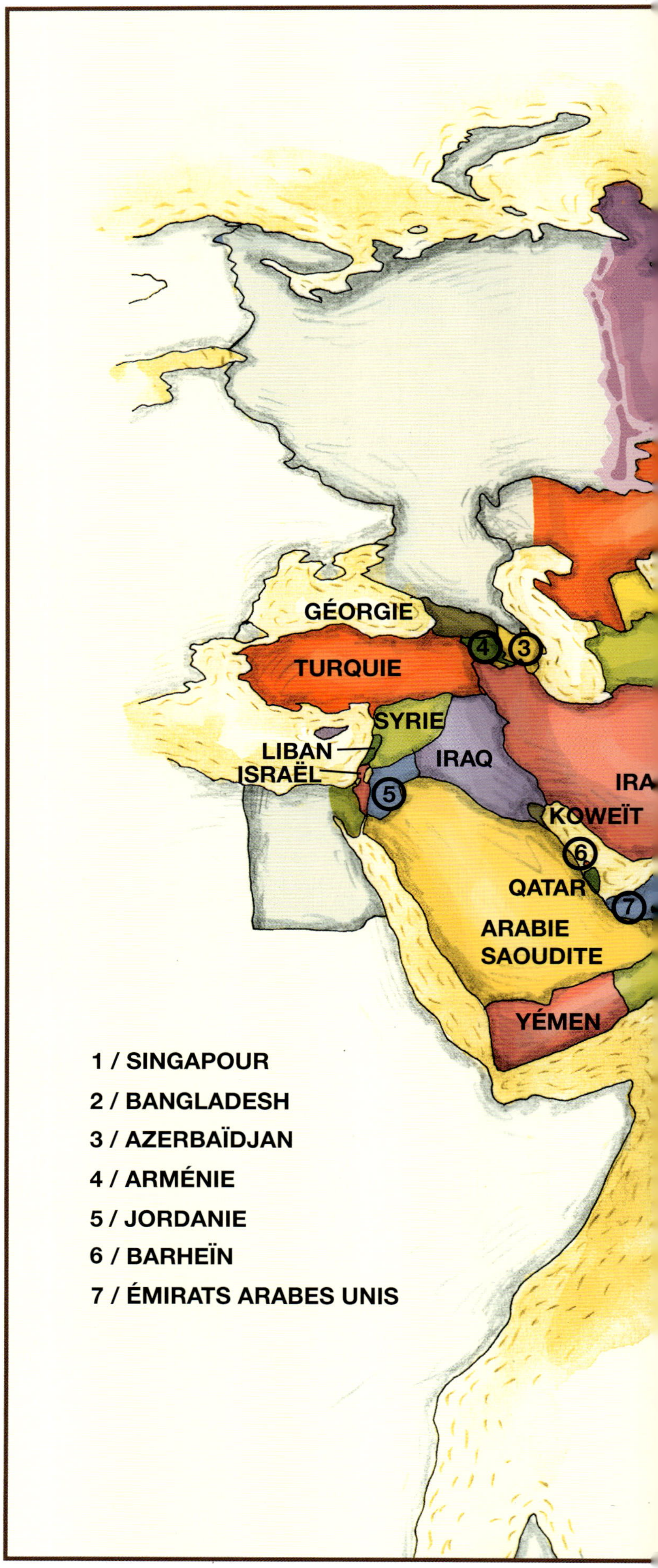

1 / SINGAPOUR
2 / BANGLADESH
3 / AZERBAÏDJAN
4 / ARMÉNIE
5 / JORDANIE
6 / BARHEÏN
7 / ÉMIRATS ARABES UNIS

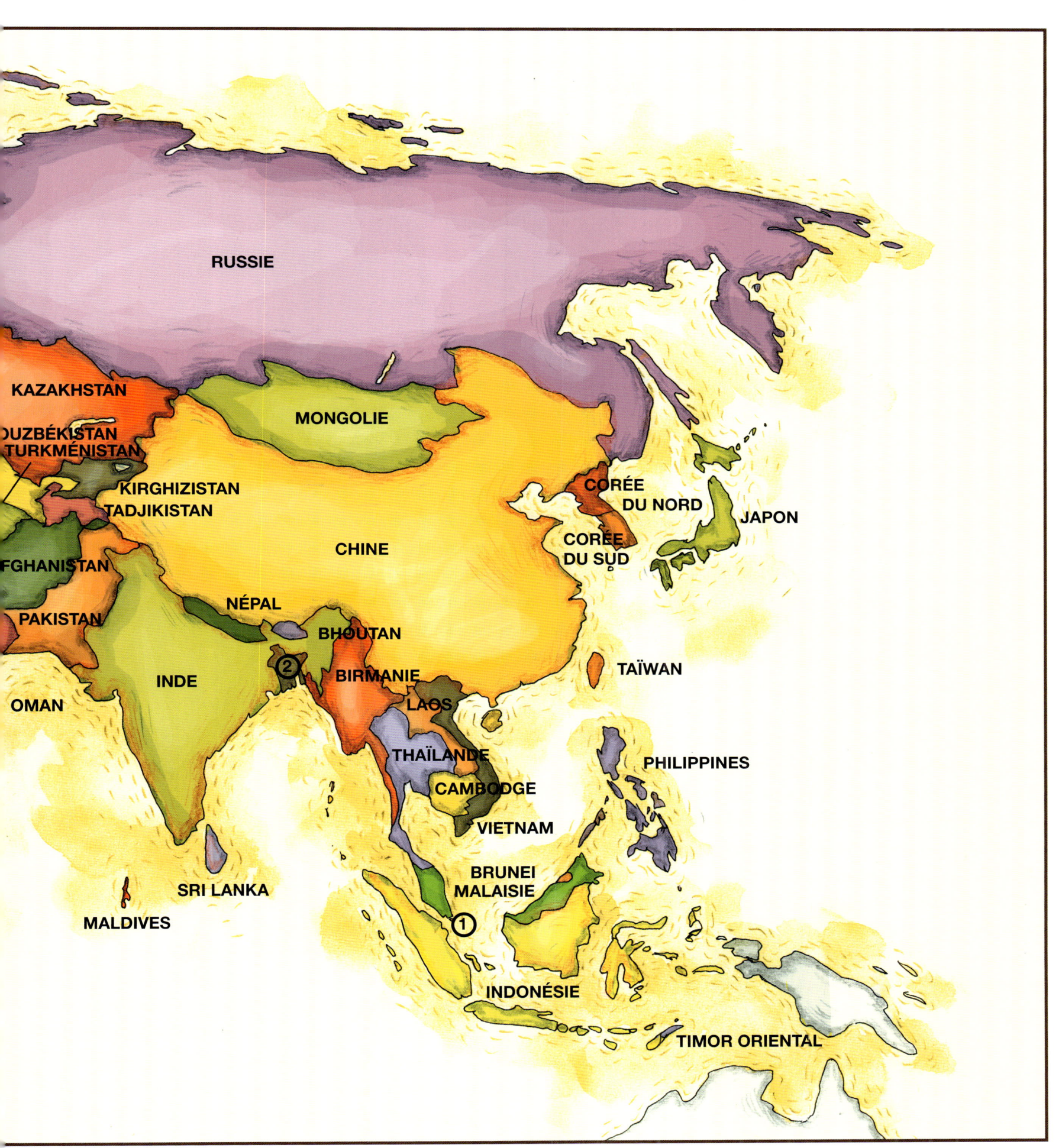

Plusieurs continents en un seul

L'Asie, telle que la présente l'estampe de Katsushika Hokusai est une invitation à voyager, à découvrir les plus hautes montagnes du monde, les pays les plus peuplés, les villes les plus grandes !

Imaginons le périple d'un voyageur en Asie, depuis le sud de l'Europe. En traversant le Bosphore, il arrive au Moyen-Orient, une vaste région aride qui s'étend de la Turquie au Yémen, en passant par Israël, le Liban, l'Iran, jusqu'à l'Afghanistan. Dans ces pays, les peuples parlent arabe, hébreu ou persan. Ils sont en grande majorité musulmans, mais les religions juive et chrétienne sont aussi présentes.

Si notre voyageur continue vers l'est, le Pakistan lui ouvre les portes du monde indien avec l'Inde, le Bangladesh ou le Sri Lanka. C'est l'une des régions les plus peuplées de la planète, balayée par un climat de mousson qui provoque souvent de graves inondations. 22 langues sont officiellement reconnues en Inde, dont le hindi, parlé par près de 400 millions de personnes ! C'est dans cette partie du monde qu'est né l'hindouisme.

Quand notre voyageur arrive en Birmanie, l'Asie du Sud-Est s'ouvre à lui, vaste région s'étendant jusqu'aux Philippines via la Thaïlande, le Vietnam ou l'Indonésie. Le climat tropical prédomine, essentiel à la culture du riz. Le bouddhisme est ici la religion la plus pratiquée.

En remontant vers la Chine, la Corée et le Japon, c'est l'Extrême-Orient que notre voyageur visite, lieu de civilisations millénaires liées à la religion bouddhiste. S'il poursuit vers le nord, il pénètre en Sibérie, terre froide et désolée. Et sur le chemin du retour, il apercevra les grandes plaines d'Asie centrale, les « steppes ».

Répartitions des différents climats et reliefs sur le continent.

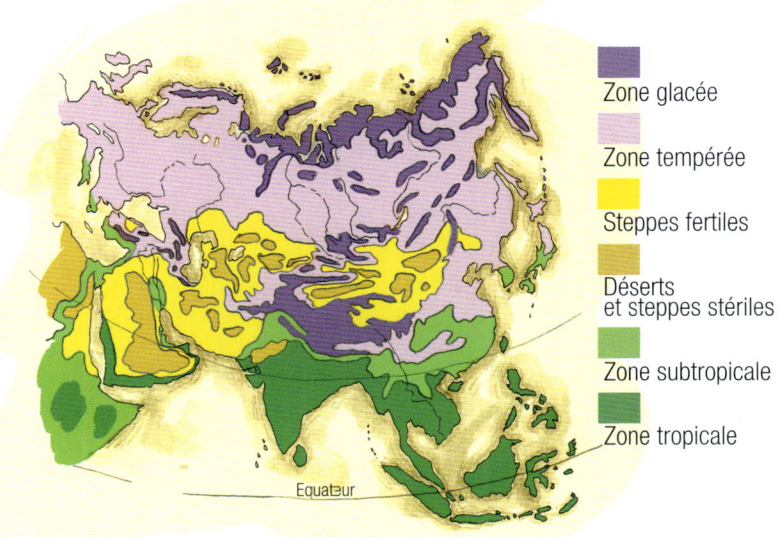

- Zone glacée
- Zone tempérée
- Steppes fertiles
- Déserts et steppes stériles
- Zone subtropicale
- Zone tropicale

Le continent de tous les records

La Grande Muraille de Chine serait le seul monument terrestre visible depuis la lune... Long de plus de 6000 km, ce mur de 10 mètres de large et de plus de 15 mètres de haut a une très longue histoire.

L'Asie est vraiment le continent de tous les records. À Beijing, la capitale de la Chine, l'immense place Tian An Men a été conçue pour accueillir plus d'un million de personnes. C'est comme si l'on réunissait en un seul endroit toute la population de La Nouvelle-Orléans, une ville américaine ! Et la Grande Muraille, ce rempart de 8 851 km, érigé il y a des siècles pour protéger le pays de ses envahisseurs, serait, dit-on, la seule construction humaine visible depuis la Lune !

Mais l'Asie, ce n'est pas seulement la Chine. Près de 50 pays la composent ! À partir des monts Oural, en Russie, elle s'étend à l'Indonésie, en passant par l'Afghanistan, le Yémen, le Japon ou encore l'Inde. L'Asie est tellement vaste que certaines parties sont soumises à un climat polaire quand d'autres subissent des pluies tropicales. C'est sur ce continent que se trouve le plus haut sommet du monde, l'Everest, avec ses 8 849 m. Et c'est là, encore, que se situe le point le plus bas de la Terre, la mer Morte, à 417 m en dessous du niveau des océans.

Le plus grand de tous les continents est aussi le plus peuplé : 4 milliards de personnes vivent en Asie, presque deux êtres humains sur trois ! À elles seules, la Chine et l'Inde en comptent plus de la moitié. On pourrait penser que la population n'a aucune difficulté à se répartir de manière équilibrée sur un territoire aussi grand. Pourtant, certains pays, comme la Mongolie, sont quasiment désertiques alors que d'autres, comme Singapour, sont les plus peuplés au monde.

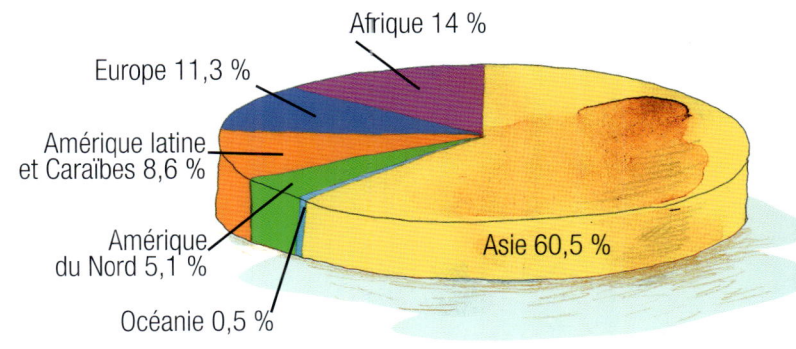

Répartition de la population mondiale par continent.

- Afrique 14 %
- Europe 11,3 %
- Amérique latine et Caraïbes 8,6 %
- Amérique du Nord 5,1 %
- Océanie 0,5 %
- Asie 60,5 %

L'Asie est-elle surpeuplée ?

L'été, les Chinois du Nord affluent sur la plage de Qingdao dans la province de Shandong en Chine. Les places sont comptées… Et l'on prend toute la mesure de ce pays à la population très importante.

La télévision nous montre souvent des images de foules importantes : les habitants du Japon qui marchent au coude à coude dans les rues de Tokyo, des manifestations au Pakistan, de grandes foules réunies pour entendre un discours sur la place Tian An Men, à Beijing, ou pour accomplir des pèlerinages hindous en Inde. Nous avons donc l'impression, vu d'Europe, que l'Asie est très peuplée.

Mais est-elle « surpeuplée » au point de mettre en péril l'équilibre économique de notre planète ? La réponse à cette question n'est pas facile. Il est vrai que l'Asie réunit 4 milliards d'habitants, mais il ne faut pas oublier que c'est le plus grand continent du monde ! C'est avant tout un problème de répartition des populations et des richesses : les pauvres quittent les campagnes pour gagner leur vie dans les villes, si bien que des régions sont désertées alors que d'autres « explosent ». Mais n'oublions pas que si certains pays d'Asie sont très petits et très peuplés, ils sont aussi très riches : c'est le cas du Japon ou de Singapour. Enfin, il faut dire que l'Asie réussit globalement à nourrir ses habitants alors qu'autrefois, les famines n'étaient pas rares.

Il y a longtemps, on craignait de voir ces peuples surpasser les Occidentaux et gouverner le monde : on parlait de « péril jaune » ! Est-ce que parler de surpopulation ne dissimulerait pas une certaine peur de l'Asie ?

L'Asie réunit à elle seule quatre milliards d'habitants.

Où commence et où s'arrête l'Asie…

Istanbul est une métropole à la fois européenne et asiatique. Dans les brumes montées du Bosphore, la cité apparaît, irréelle, magique.

Sur les six continents qui forment notre planète, l'Asie est celui qui pose le plus d'interrogations quant à ses limites. La raison en est simple : l'Asie est reliée par la terre à deux autres continents, l'Afrique et l'Europe. Au nord, on passe de l'Europe à l'Asie sans s'en rendre compte, simplement en traversant les monts Oural, une chaîne de montagnes peu élevées à cet endroit. C'est un ancien roi de Russie, le tsar Pierre le Grand, qui décida arbitrairement que ces montagnes sépareraient l'Europe de l'Asie.

De même, on pourrait passer de l'Asie à l'Afrique à pied par la péninsule du Sinaï qui relie Israël à l'Égypte ! C'est d'ailleurs là aussi que l'on a creusé le canal de Suez, qui permet aux bateaux d'aller de la Méditerranée à la mer Rouge en quelques heures. Cet ouvrage a aidé au développement du commerce entre l'Asie et l'Europe en évitant aux bateaux d'avoir à contourner l'Afrique par le cap de Bonne-Espérance.

Au sud de l'Europe, en Turquie, Istanbul est une ville qui a la particularité d'être à la fois en Europe et en Asie ! Le détroit du Bosphore, qui sépare les deux parties de cette ville, forme la frontière entre les deux continents.

Tout au nord-est de l'Asie, ce continent touche presque l'Amérique ! À cet endroit, en effet, le détroit de Béring n'est large que de 92 km, si bien que la Russie est voisine de l'Alaska.

Les liens du continent asiatique avec l'Europe et l'Afrique sont tels que certains géographes proposent de créer un seul « super-continent » qui les rassemblerait tous : « l'Eurafrasie ». Les limites de l'Asie n'ont peut-être pas fini de bouger…

Le canal de Suez est l'un des points de passage les plus fréquentés au monde.

Le toit du monde

Les sommets de l'Himalaya sont d'une hauteur telle que l'on a l'impression que la terre, frôlant les nuages, se confond avec le ciel.

Au nord de l'Inde se trouvent les plus hauts sommets du monde. La chaîne de l'Himalaya, un ensemble de montagnes vertigineuses, forme un environnement démesuré, d'une très grande beauté. En sanskrit, une langue indienne ancienne, Himalaya signifie « la demeure des neiges », car, dans ce massif qui s'étire sur plus de 2 400 km de long et 250 à 400 km de large, les neiges ne fondent jamais : on dit qu'elles sont « éternelles ». Ses 14 sommets de plus de 8 000 m d'altitude, dont l'Everest, le K2 et l'Annapurna, fascinent les alpinistes du monde entier. Ils viennent en gravir les pentes, souvent équipés de bouteilles d'oxygène, parfois au péril de leur vie. Certains des habitants de ces montagnes, qui survivent là dans des conditions rigoureuses, sont de l'ethnie des Sherpas. Fins connaisseurs de ces lieux, ils sont souvent recrutés comme guides ou porteurs par les expéditions.

À la croisée du Pakistan, de l'Inde, de la Chine et du Tibet, l'Himalaya est le carrefour de plusieurs civilisations. Il y a bien longtemps, les textes religieux hindous – le Mahabharata et le Ramayana – mentionnaient déjà ces montagnes qui sont sacrées pour leurs habitants, car elles hébergeraient les dieux et les génies.

Toutes ces populations ont un point commun : elles vivent en étroite relation avec la nature selon des traditions ancestrales transmises de génération en génération. Dans ce « monde vertical », l'homme et la nature ne font qu'un.

Les populations himalayennes, comme ce Sherpa, sont bouddhistes, et laissent flotter au vent des drapeaux à prières.

Animaux symboles

Chaque éléphant est mené par un cornac, son maître, qui vit avec l'éléphant durant toute la vie de celui-ci. Il le nourrit, le soigne et le prépare pour les cérémonies sacrées de l'hindouisme.

On raconte qu'autrefois, les pandas étaient tout blancs. Mais un jour, ils allèrent à l'enterrement d'une petite fille, les pattes pleines de cendres en signe de deuil. Ils se frottèrent les yeux pour sécher leurs larmes et se bouchèrent les oreilles pour ne pas entendre les pleurs. Depuis, leur fourrure est parsemée de taches noires. Le panda fait partie de la famille des ours et vit en Chine et au Tibet. Très protégé (600 pandas vivraient dans la nature), il est le symbole des animaux en voie de disparition.

Le tigre, lui, est symbole de force et de courage, mais c'est un prédateur redouté : affamé, il approche parfois des villages. On le rencontre en Inde, en Indonésie ou en Chine. En Sibérie, il ne reste que quelques dizaines de tigres blancs, les plus rares.

C'est dans le sud du continent asiatique qu'on trouve l'éléphant, symbole de sagesse et d'intelligence. S'il vit parfois à l'état sauvage, il est plus souvent domestiqué, utilisé comme monture pour les fêtes ou pour tirer de lourdes charges. En Inde, il est un personnage de la mythologie, Ganesh, un dieu avec une tête d'éléphant et un corps d'homme.

Les singes les plus proches de l'homme au plan génétique, ce sont les orangs-outans qui vivent sur l'île de Bornéo, en Indonésie. D'ailleurs, dans la langue locale, leur nom signifie « homme des forêts ». Chassés de ces forêts que l'homme veut exploiter, ils symbolisent la manière dont ce dernier, en pensant à ses intérêts, oublie ses origines.

Beaucoup d'animaux sont ainsi souvent menacés par l'homme.

L'orang-outang (Indonésie), le panda (Chine) et le tigre (Inde) sont des emblèmes de l'Asie.

Des forêts dans l'eau

En Malaisie et partout dans le sud de l'Asie, grâce au climat et à l'eau, on peut observer une jungle luxuriante de mangroves qui prospère à l'infini.

En Indonésie, en Malaisie, en Birmanie, aux Philippines ou au Vietnam, de curieuses forêts poussent le long des côtes, dans la vase et l'eau de mer. Le promeneur s'y déplace en pirogue, parfois le visage à la hauteur des cimes, tandis que les troncs sont sous l'eau ! Ces forêts « aquatiques », ce sont les mangroves, qui composent l'un des écosystèmes les plus surprenants de la planète.

Dans cet environnement, la végétation a inventé des stratagèmes pour s'adapter à l'eau salée de la mer et au rythme des marées qui ne conviennent pas, en principe, à son développement. Ainsi, le palétuvier, l'arbre prédominant de ces lieux, possède des racines qui le soutiennent hors de l'eau, comme des échasses !

De nombreuses espèces animales – crabes, crevettes, mollusques, reptiles, oiseaux – vivent dans la mangrove. Un poisson étonnant – le périophthalme – est même capable de respirer hors de l'eau : il grimpe le long des racines des arbres en s'aidant de ses nageoires comme de pattes ! Quant aux mangroves des Sundarbans, au Bangladesh, elles sont le refuge des derniers tigres du Bengale, une espèce très menacée.

Les mangroves sont aussi en danger, alors qu'elles sont essentielles à l'équilibre de notre planète. Celles qu'on trouve en Asie sont les plus vastes, même s'il en existe aussi en Afrique ou en Amérique centrale. Mais toutes protègent les côtes maritimes de l'érosion due au vent et aux marées et atténuent les effets des tempêtes. Si elles disparaissent, certains scientifiques estiment que le carbone rejeté aggravera le réchauffement climatique !

Les mangroves sont constituées d'arbres aux racines « échasses », qui leur permettent de résister aux fortes marées.

Le berceau de l'agriculture

Le long du Tigre et de l'Euphrate, en Mésopotamie, les hommes ont trouvé les conditions idéales pour inventer l'agriculture, et devenir sédentaires.

L'apparition de l'agriculture en Asie a été une révolution dans l'histoire. Avant, les hommes se déplaçaient pour chasser et cueillaient les fruits et les graines qu'ils trouvaient. Mais il y a environ 12 000 ans, ils abandonnèrent peu à peu cette façon de faire. Tout commença au Moyen-Orient, en Mésopotamie, un nom ancien qui signifie la « région d'entre les fleuves », car elle est située entre le Tigre et l'Euphrate, dans l'actuelle Irak.

À l'époque, baignée par ces deux fleuves, c'était un endroit fertile, c'est-à-dire que des graines sauvages, lentilles, pois et céréales, poussaient en abondance. Les villageois découvrirent d'abord qu'ils pouvaient les conserver dans de grands réservoirs aménagés sous la terre. Peu à peu, l'idée leur est venue de produire eux-mêmes ces graines. Ils se mirent donc à les planter et à les récolter sur les terres proches du village : ils devinrent ainsi cultivateurs.

La Mésopotamie était également très riche en gibier : des aurochs – l'ancêtre de nos bœufs –, des chèvres, des lièvres… Il était donc facile à nos Mésopotamiens de chasser durant l'hiver. Mais cela les obligeait à se déplacer sans être sûrs d'avoir de la viande les mois suivants. Progressivement, ils eurent alors l'idée de capturer les animaux sauvages et de les enfermer dans des enclos afin de gérer plus efficacement leurs troupeaux. C'est ainsi qu'ils se mirent à l'élevage.

La vie s'est peu à peu organisée autour de cette nouvelle façon de faire. Les hommes n'ayant plus besoin de se déplacer pour rechercher leur nourriture, ils devinrent sédentaires et agriculteurs.

L'auroch, fut domestiqué par les hommes et utilisé pour l'agriculture.

L'Art des jardins

Les jardins, en Asie, ne sont pas seulement un lieu de plaisir, mais aussi des formes d'art extrêmement évoluées, comme ici au Japon, où les cerisiers sont à l'occasion d'une célébration nationale.

Depuis des siècles, les jardins tiennent une place centrale dans la vie des Asiatiques. 1 000 ans avant J.-C., les Perses inventèrent des parcs paysagers qu'ils appelaient « pairidaeza », un terme qui deviendra « paradis » en Occident, car ils visaient à reproduire l'image d'une nature idéale. L'art des jardins a beaucoup voyagé. À Babylone, dans l'actuel Irak, le roi Nabuchodonosor aurait fait construire de fameux « jardins suspendus », composés de plusieurs terrasses superposées en hauteur, considérés dans l'Antiquité comme une des sept merveilles du monde. En s'installant en Espagne, au VIIIe siècle, les conquérants arabes introduisirent cet art en Europe.

En Inde, les Moghols, conquérants venus d'Asie centrale, créèrent au XVIIe siècle de magnifiques jardins dont les plus connus furent ceux de Shalimar, « la demeure de l'amour ». Aujourd'hui encore, dans ce pays, les jardins sont parcourus de rivières et de bassins fleuris de lotus, signe de pureté.

En Extrême-Orient, l'art du jardin est sacré. En Chine, la ville de Suzhou compte de nombreux jardins dont certains sont classés au patrimoine mondial de l'humanité. En parcourant quelques centaines de mètres seulement, le promeneur peut y contempler des reproductions de montagnes ou de forêts. Tout a été aménagé pour créer l'illusion de la nature et de ses liens avec l'homme. L'eau, sous forme de bassins ou de cascades, représente les fluides. Les pierres représentent le squelette. Les pins sont symbole de force, les bambous de longévité, les cerisiers de la jeunesse et du printemps. Au Japon, les jardins sont souvent plus épurés, avec des rochers, du sable et peu de végétaux.

Les jardins suspendus de Babylone étaient la deuxième des sept merveilles du monde.

Le riz : une culture ancestrale

Le riz est une culture « communautaire », qui réclame beaucoup de main-d'œuvre, comme ici en Inde au moment du repiquage.

De tout temps, le riz a été le symbole des civilisations asiatiques. Qui n'a jamais vu les images de ces magnifiques rizières d'un vert intense qui parsèment les paysages d'Asie ? Près des villages thaï, indiens ou chinois, on peut apercevoir ces hommes et ces femmes courbés, les pieds dans l'eau, occupés à récolter les grains à la main. Et si l'on emprunte les routes du Cambodge ou du Vietnam, on verra à coup sûr des monticules de riz étalés sur le bord de la chaussée pour sécher au soleil !

L'homme a commencé à cultiver le riz il y a près de 10 000 ans, en Chine. Puis les échanges commerciaux l'ont répandu dans toute l'Asie du Sud-Est, jusqu'en Inde. Les paysans cultivent le riz de trois façons : en suivant simplement le cycle des pluies, en inondant les rizières ou, au contraire, en les irriguant, c'est-à-dire en contrôlant le niveau d'eau. Le riz est une céréale qui a besoin de beaucoup d'eau pour se développer : une chance dans ces pays d'Asie qui connaissent un climat humide ! Le riz a donc représenté pour eux un vrai miracle agricole, d'autant plus qu'il permet d'obtenir, contrairement au blé, entre deux et quatre récoltes chaque année ! Une particularité vitale dans ces pays souvent très peuplés.

En Asie, la culture du riz est tellement importante que des millions de familles en dépendent. Ainsi, dans les villages, les paysans se réunissent toujours pour célébrer ensemble la récolte du riz. Aujourd'hui, cette céréale venue du fond des temps est la plus consommée au monde, que ce soit sous forme de grains, de pâte, de soupe ou de dessert.

Une fois qu'il est arrivé à maturité, les femmes récoltent le riz.

Le thé, une boisson… et une philosophie !

Dans cette fabrique de thé chinoise, les ouvrières trient les feuilles séchées.

Une légende chinoise raconte qu'il y a 5 000 mille ans, l'empereur Shen Nung faisait bouillir de l'eau à l'abri d'un arbre pour se désaltérer ; une légère brise agita les branches et détacha quelques feuilles qui se mêlèrent à l'eau, lui donnant une couleur et un parfum délicats. L'empereur goûta le breuvage, s'en délecta et en reprit : l'arbre était un théier sauvage. Au départ réservé aux grandes familles chinoises, le thé s'est largement popularisé au point de devenir la boisson préférée des Asiatiques, des Indiens jusqu'aux Russes.

Les Chinois l'ont d'abord produit sous forme de briques compressées, puis rôties avant d'être réduites en poudre. On y ajoutait du sel, des épices et du beurre rance : c'est toujours ainsi qu'il est consommé au Tibet. À partir du Xe siècle, les feuilles de thé furent pulvérisées en poudre très fine, à laquelle de l'eau frémissante fut ajoutée. Aujourd'hui encore, nul employé ou écolier de Shanghai ou Beijing ne commencerait sa journée sans emporter avec lui son récipient de thé ! Et il n'aura aucune difficulté à trouver une échoppe dans la rue pour être réapprovisionné en eau chaude. Les trains chinois comportent même des machines à cet usage !

En Asie, le thé est plus qu'une boisson : il est une véritable philosophie de vie. Les Japonais ont même inventé la « cérémonie du thé », toujours pratiquée de nos jours. C'est un rituel très codifié, réalisé par un « maître de thé », ayant une grande connaissance de cette boisson, mais également des arts de la calligraphie, des fleurs ou de l'encens. Être invité à une cérémonie du thé est un grand honneur.

La cérémonie du thé célèbre l'harmonie, le respect, la pureté et la tranquillité d'esprit.

35

Le paradis des épices

L'Inde est le paradis des épices, que l'on retrouve dans les plats, les sauces, les friandises… On les vend en vrac sur les marchés des villes et des villages.

Poivre, cardamome, anis, cumin, cannelle, clous de girofle, safran, muscade, curcuma… Et dire que ces épices que l'on retrouve dans nos plats ont longtemps valu plus cher que l'or !

C'est sur la côte de Malabar, dans le sud-ouest de l'Inde, que l'on a découvert les vertus aromatiques de certaines espèces végétales. Idéale pour conserver et parfumer les viandes, l'épice devient l'objet de toutes les convoitises.

À partir du IIIe siècle avant J.-C., une route des épices se met en place depuis la Chine. Elle traverse toute l'Asie. Les Chinois collectent les précieux aromates et les transportent par bateau jusqu'en Inde. Là, ils sont achetés par des marchands arabes qui les acheminent vers le bassin méditerranéen et l'Occident. Les épices prennent beaucoup de valeur, d'autant qu'on leur attribue d'autres vertus, en médecine et en parfumerie. Au Ve siècle avant J.-C., pour protéger leur monopole, les marchands arabes font croire que la cannelle provient d'une montagne gardée par de cruels oiseaux de proie ! En réalité, c'est l'écorce d'un arbre qui pousse en Inde et au Sri Lanka. Quand Christophe Colomb découvre l'Amérique au XVe siècle, il pense trouver l'Inde et ses fabuleuses réserves d'épices ! Mais c'est Vasco de Gama qui débarquera en Inde pour le compte des Portugais. Plus tard, au XVIIe siècle, les marchands hollandais, anglais et français installeront des relais sur les côtes asiatiques pour développer ce commerce.

Les épices sont encore aujourd'hui un pilier de l'art culinaire en Asie, même si on les trouve dans toutes les… épiceries du monde.

La cannelle est l'écorce, très aromatique, d'un arbuste. On l'utilise dans les pâtisseries, ou pour parfumer le thé.

Le peuple des steppes

Le cheval est un élément central de la civilisation mongole, qui est restée très longtemps nomade. Les familles s'abritent encore sous des yourtes, grandes tentes généralement en feutre.

Au cœur du continent, l'Asie centrale s'étend de la mer Caspienne à la Mongolie, en passant par l'Ouzbékistan et le Tadjikistan. Très chaude en été et très froide en hiver, cette région est une zone de steppes, immenses plaines arides parcourues par de nombreux peuples nomades. Leurs conditions de vie ont toujours été difficiles. Durant des siècles, ces populations ont sillonné ces territoires afin de trouver des pâturages pour leurs troupeaux, mais également par esprit de conquête. En Mongolie, au XIIIe siècle, Gengis Khan et ses fils réussirent à unifier les nomades des steppes pour fonder le plus vaste empire que l'humanité ait jamais connu. À son apogée, il s'étendait de la Méditerranée au Pacifique, de la Sibérie à l'Inde. Les Mongols ont même gouverné la Chine, qui avait fait construire, en vain, la Grande Muraille pour se protéger de ces assaillants redoutés !

Aujourd'hui, la Mongolie reste un pays immense, mais sans commune mesure avec cet empire. Située entre la Russie et la Chine, elle compte près de 3 millions d'habitants dont le tiers a conservé le mode de vie nomade. Ce peuple de cavaliers vit de ses troupeaux de yacks et de moutons, qu'il guide à travers les steppes, sur le dos de chevaux de petite taille, mais très robustes. La viande est la base de la nourriture des Mongols, tout comme le lait de jument fermenté, l'airag. Hommes, femmes et enfants vivent sous de grandes tentes en feutre, les yourtes, supportées par une armature de longues tiges de bois recourbées et dont la porte est, dit-on, toujours orientée vers la constellation du Cheval. Facilement démontables, ces tentes sont appropriées à ce style de vie qui tend à disparaître.

Gengis Khan est vu comme le père de la nation mongole.

L'invention de l'écriture

L'invention de l'écriture est un moment essentiel de l'histoire de l'humanité. Elle nous a permis de conserver la mémoire du passé. Officiellement, l'écriture est née à Sumer, en Mésopotamie, au IV⁰ millénaire avant notre ère.

览 L'écriture a une longue histoire et vient de très loin ! Elle est née il y a plus de 5 300 ans, en Mésopotamie. Quand les Mésopotamiens devinrent des agriculteurs, les petits villages se transformèrent en de grandes communautés organisées et prospères. On raconte d'ailleurs que la première ville de l'humanité y a vu le jour : elle s'appelait Uruk et était située dans la région de Sumer. C'est là qu'est née l'écriture. Mais comment a-t-on eu l'idée d'écrire ?

Cela faisait longtemps que, chaque jour, les paysans apportaient les marchandises nécessaires à la vie quotidienne des citadins. Les quantités augmentant sans cesse, ils se demandèrent comment ils pourraient garder une trace des sacs de blé entreposés dans les greniers ou des moutons apportés par chaque paysan. Comme ils habitaient à proximité de fleuves, ils eurent l'idée d'utiliser de l'argile et un roseau, dont la pointe taillée en biais produisait un trait en forme de clou, *cuneus* en latin. En enfonçant le roseau dans une tablette d'argile, ils dessinaient de façon très simple le nombre et l'objet concerné (un sac de blé, un mouton…). L'écriture cunéiforme, c'est-à-dire « en forme de clou », était née.

Peu à peu, ils se mirent à noter non plus des choses, mais les sons qu'ils produisaient en parlant leur langue. En faisant ainsi le lien avec la langue, l'écriture évolua vers l'alphabet. La plupart des peuples d'Asie de l'Ouest adaptèrent cette écriture à leurs propres langues, ce qui entraîna peu à peu la disparition de l'écriture cunéiforme. Mais celle-ci avait posé les bases du dialogue entre les peuples du Moyen-Orient. Elle se répandrait en Grèce et en Europe, et donc jusqu'à nous… et à ce livre.

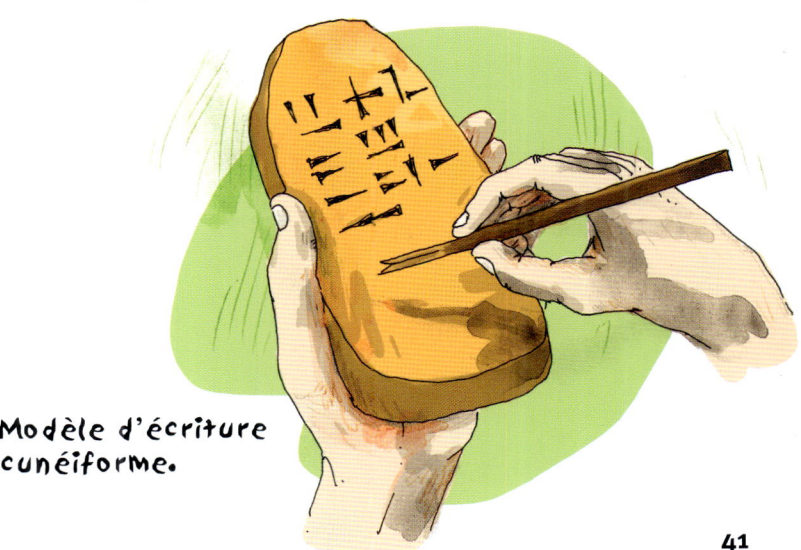

Modèle d'écriture cunéiforme.

L'Empire du Milieu

La cité interdite dans la capitale chinoise, Beijing (Pékin), est le symbole du pouvoir impérial, pour lequel travaillaient des milliers de mandarins (fonctionnaires).

Au XIIIe siècle, le grand explorateur italien Marco Polo découvre avec fascination la Chine. L'expression « Extrême-Orient » date de cette époque : comme les Européens croyaient qu'ils étaient au centre du monde, c'était une façon pour eux de dire que ce pays était très loin d'eux, à l'extrémité ouest du continent. Mais quelle ne fut pas la surprise de Marco Polo de découvrir une civilisation persuadée, elle aussi, d'être le centre du monde ! *Zhongguó*, le nom chinois de la Chine signifie « L'empire du Milieu ».

Ce pays était alors dirigé par un empereur appelé « le fils du Ciel ». Le Ciel était en effet une divinité. Elle pouvait confier à un homme la mission de gouverner la Chine, mais également le monde. Les Chinois considéraient que tous les hommes qui étaient en dehors de leur pays étaient des « barbares » : la Chine n'était pas une civilisation parmi d'autres, elle était la civilisation.

La Cité interdite, à Beijing, en est le symbole. À partir du XVe siècle, ce palais immense a été la résidence des empereurs de Chine. À part eux et leur cour nombreuse, nul ne pouvait y pénétrer, ni même la regarder ! Nul ne pouvait construire un bâtiment plus haut que la Cité, ni utiliser ses couleurs sacrées – le jaune et le rouge. Ce palais a été construit au centre de Beijing selon des règles précises. De forme carrée, il est dos au nord pour que l'empereur soit protégé des influences néfastes – le vent, les mauvais génies, les invasions mongoles – venant de cette direction, et orienté au sud qui apporte chaleur et bienfaits.

En 1911, la Cité interdite a cessé d'être le palais impérial : un enfant de six ans, Pu Yi, fut le dernier empereur de Chine à y vivre.

Marco Polo atteignit la Chine en 1275, parcourant la Route de la Soie.

Une cité surgit de la jungle

Devant le temple d'Angkor, trois jeunes moines bouddhistes surgissent dans leur robe orange, une couleur sacrée pour leur religion.

Imaginez la surprise de l'explorateur français Henri Mouhot lorsqu'en plein milieu de la jungle d'une région d'Asie appelée la Cochinchine, il vit une cité perdue ! C'était en 1861, et il venait de découvrir l'ancienne capitale de l'empire khmer : Angkor.

Cette région appartient aujourd'hui au Cambodge et la cité d'Angkor fait la fierté des habitants de ce pays. Ils voient dans cette cité le symbole de leur histoire prestigieuse. Ils sont en effet les descendants du peuple khmer qui, à partir du IXe siècle, fonda un empire puissant. Il s'étendit jusqu'en Thaïlande, au Vietnam et au Laos. Cette civilisation inventa des systèmes complexes d'alimentation en eau des cultures et construisit des villes avec des temples fabuleux consacrés aux dieux de l'hindouisme et du bouddhisme.

Au XIIe siècle, les Khmers érigèrent le plus grand de tous leurs temples, Angkor Wat. Bâti sur trois niveaux, il représente le mont Meru, la demeure mythique des dieux, et est orienté côté ouest, vers Vishnu, le dieu hindou de la protection. On se promène entre des statues de bouddhas souriants et des milliers de sculptures, toutes différentes, représentant des apsaras, des danseuses célestes. Mais pour atteindre le sanctuaire central, il faut gravir des escaliers très raides qui symbolisent ainsi la difficulté d'atteindre le royaume des dieux !

Au XVe siècle, le royaume khmer s'effondra et dut abandonner Angkor. Mais, surgie depuis de la jungle qui l'avait préservée, cette cité-symbole du Cambodge figure désormais sur le drapeau national de ce pays.

Représentation du Bouddha.

Les civilisations du sacré

Les grandes religions d'Asie, l'islam, l'hindouisme, le christianisme, attirent des milliers de croyants, comme ici face à La Mecque (à l'ouest de l'Arabie Saoudite), lors des pèlerinages ou des prières collectives.

C'est en Asie que sont nées les grandes religions du monde, si bien que l'on y trouve de nombreux lieux de pèlerinage où chacun vient vénérer son dieu. L'Inde est le berceau de l'hindouisme, une des plus anciennes religions puisqu'elle y serait née en 3 000 av. J.-C. À Bénarès, dès le lever du soleil, les hindous se baignent dans le Gange, un fleuve sacré qui représente pour eux la chevelure de Shiva, un de leurs dieux.

En Israël, la ville de Jérusalem est dite « trois fois sainte » car elle contient les lieux les plus sacrés des religions juive, chrétienne et musulmane. Elle fut d'abord conquise au Xe siècle av. J.-C. par le roi David, qui en fit la capitale des Hébreux. Le roi Salomon y bâtit le premier temple, détruit par Nabuchodonosor, puis rénové plus tard par Hérode, avant qu'il ne soit détruit par l'empereur romain Titus. Seul vestige de cet édifice, le Mur des Lamentations est le lieu sacré devant lequel les juifs s'inclinent. Quant aux chrétiens, ils vénèrent dans l'église du Saint-Sépulcre un point très précis que l'on appelle le « Compas », à mi-chemin entre le lieu supposé de la crucifixion de Jésus-Christ, en 32 de notre ère, et celui où il aurait été enterré avant de ressusciter. Les musulmans vénèrent également Jérusalem, où la mosquée Al-Aqsa serait le lieu d'où Mahomet se serait envolé pour le paradis.

Mais c'est La Mecque, en Arabie Saoudite, cette ville où est né Mahomet en 570 ap. J.-C., que les musulmans chérissent par-dessus tout. Ce pèlerinage, le *hadj*, est l'un des devoirs que chaque musulman doit essayer d'accomplir au moins une fois dans sa vie.

À Jérusalem, en Israël, des juifs prient devant le « Mur des Lamentations ».

La société indienne

Sur les bords du Gange, à Bénarès, quelle que soit sa caste, on peut vénérer les dieux de l'hindouisme dans de petits hôtels qui leur sont consacrés.

Voir au-delà des apparences… C'est ainsi qu'il faut observer la société en Inde. Dans les rues, les gens sont vendeurs de fruits et légumes, chauffeurs de taxis ou fonctionnaires… Pourtant, des règles invisibles font que toutes ces personnes exercent des activités en fonction de leur caste, un groupe auquel on appartient dès la naissance et pour toute sa vie. Il existe cinq grandes castes. En haut, on trouve les « brahmanes », qui ont seuls le droit de commenter les textes sacrés et occupent les plus hautes fonctions dans la société (enseignants, hommes de loi). Tout en bas, on trouve les « harijan », qui accomplissent les tâches considérées comme impures (blanchisseurs, balayeurs, coiffeurs…). On les appelle aussi parfois des « intouchables ». C'est la religion hindoue qui a défini ces castes car elle croit en la réincarnation, le fait de renaître après la mort sous une autre forme. Elle considère ainsi qu'on naît dans une caste en fonction de ses actions dans une vie passée, mais qu'on pourra en changer dans une autre vie, si on se comporte bien.

La constitution indienne a pourtant proclamé l'égalité de tous les Indiens et leur permet, en théorie, d'exercer les fonctions qu'ils souhaitent et de se marier entre castes différentes. Un intouchable a même été élu président de la République ! Mais les croyances restent fortes et les Indiens préfèrent souvent renoncer à ces droits plutôt que de ne pas respecter leur religion. Gandhi lui-même, un homme qui a marqué l'histoire indienne, a essayé d'améliorer le sort des intouchables.

Mohandas Karamchand Gandhi a mené l'Inde à l'indépendance.

Dictatures militaires

La Chine et la Corée du Nord comptent parmi les pays dictatoriaux les plus importants de la planète. La population y est enrôlée dès le plus jeune âge.

Beaucoup de pays d'Asie (Indonésie, Thaïlande, Pakistan…) sont gouvernés par des militaires ou par un seul parti politique, qui empêchent que des opinions différentes s'expriment. Certaines personnes peuvent même aller en prison si elles critiquent leur gouvernement ! Nombre d'entre elles n'ont pas la possibilité d'avoir facilement des soins à l'hôpital, d'aller à l'école ou de voyager à l'étranger. Cela peut paraître étrange à des enfants occidentaux qui vivent dans ce qu'on appelle une démocratie, c'est-à-dire un régime politique dans lequel le peuple participe aux décisions le concernant et où des droits (être soigné, aller à l'école, se déplacer librement) sont reconnus aux citoyens.

Si la démocratie n'est pas très répandue en Asie, cela s'explique par l'histoire de ces pays. Comme une grande partie d'entre eux ont longtemps été dominés par des pays occidentaux, ils ont souvent créé des armées pour conquérir leur liberté. Mais après avoir apporté leur aide, les militaires ont voulu garder le pouvoir ! Ils ont interdit que d'autres opinions s'expriment et refusé des droits à leurs habitants. Par la suite, ils ont fait des concessions, mais cela reste insuffisant : de nombreuses libertés ne sont toujours pas accordées à la population.

Prenons l'exemple de la Birmanie, où ce sont des militaires qui gouvernent. En 1990, ils acceptèrent d'organiser des élections, remportées par un parti démocratique dirigé par une femme, Aung San Suu Kyi. Mais ils refusèrent de reconnaître ce résultat et emprisonnèrent cette femme, devenue un symbole mondial du combat pour la démocratie !

Des militaires en faction sillonnent les villes.

Tensions et guerres

On se bat dans l'Himalaya : des tensions entre la Chine et l'Inde ont débouché sur une guerre en 1962, et depuis de nombreuses années, l'Inde et le Pakistan se disputent le Cachemire.

De nombreuses tensions, allant parfois jusqu'à des guerres, agitent le continent asiatique. Les médias parlent beaucoup des conflits entre Israël et les Territoires palestiniens, entre l'Inde et le Pakistan, au Liban, de la guerre civile au Sri Lanka ou encore des tensions internationales avec la Syrie ou l'Iran… Ce continent est tellement grand, composé de pays aux cultures si différentes, avec des religions tellement variées qu'il n'est pas toujours facile d'y maintenir la paix.

Les populations civiles sont les premières victimes de ces conflits qui sont parfois décidés loin d'elles, en Occident. Ce fut le cas à la suite des terribles attentats de New York du 11 septembre 2001, qui entraînèrent des guerres dont celle d'Irak. Chaque jour, les enfants, les femmes et les hommes de ces pays doivent trouver de nouvelles solutions pour survivre. Pour eux, rien n'est jamais certain, pas même d'avoir assez de nourriture pour la journée. On a même vu, en Indonésie, des émeutes provoquées par la faim ! Les enfants ne peuvent pas toujours aller à l'école ou simplement jouer dans la rue, car cela peut être dangereux. Construire son avenir dans une telle réalité n'est pas une chose facile.

Le continent asiatique souffre des régimes dictatoriaux qui ont pris le pouvoir dans certains de ses pays. Il souffre aussi des richesses (pétrole, minerais) que contient son sol et qui attisent les convoitises. Il souffre enfin de ne pas être toujours bien considéré par les puissants régimes de l'Occident. Pourtant, les populations d'Asie, comme celles du monde entier, aspirent à la paix.

Les civils fuient les coups de feu qui résonnent dans les rues.

Un pays coupé en deux

La frontière entre les deux Corée est marquée par des bâtiments et la présence de très nombreux militaires des deux pays. La tension est sensible.

Peut-on imaginer un pays dans lequel des familles vivent séparées, de chaque côté d'une frontière infranchissable ? C'est ce que vivent les habitants de la Corée, un pays qui se situe entre la Chine et le Japon. Ce n'est pas la première fois dans l'histoire qu'une telle chose arrive. L'Allemagne, par exemple, a longtemps été séparée par un mur. Mais cette situation dure depuis plus de 60 ans en Corée ! On la surnomme « le pays du matin calme », mais son histoire est loin d'être tranquille.

Tout commence en 1945, quand la Corée est prise en tenaille par deux des vainqueurs de la Seconde Guerre mondiale : l'Union soviétique (l'actuelle Russie) et les États-Unis veulent contrôler ce pays. On décide d'abord de tracer une frontière à la moitié de la péninsule. Cette situation débouche sur une guerre qui fera 2 millions de victimes, mais ne changera rien. La frontière est maintenue et ce peuple, hier uni, est séparé en deux États distincts : d'un côté, la Corée du Nord deviendra une dictature terrible et un pays très pauvre, de l'autre, la Corée du Sud sera une démocratie et une grande puissance économique.

Cette division de la Corée a entraîné la séparation de centaines de milliers de familles. Des parents ont dû rester au Sud tandis que leurs enfants étaient au Nord ; des frères et des sœurs ont même été séparés ! Depuis quelques années, les gouvernements des deux pays ont créé des zones de regroupement familial. L'espace de quelques jours, les membres d'une même famille peuvent se revoir… avant de repartir dans leur pays. Mais auront-ils, un jour, le droit de revivre ensemble ?

La Corée du Nord.

La Corée du Sud.

Toujours plus haut, toujours plus grand !

Les tours les plus hautes du monde ne se trouvent plus en Amérique, mais en Asie. Certaines sont très spectaculaires, comme les *Petronas Twin Towers* de Kuala Lumpur, en Malaisie.

Telle pourrait être la devise de l'Asie quand on contemple depuis le sol certains de ses gratte-ciel. La majorité des plus grandes tours du monde se trouvent en Extrême-Orient. C'est ainsi que la plus haute tour de la planète est à Taipei, sur l'île chinoise de Taiwan. Elle culmine à 508 m (à titre de comparaison, la tour Eiffel mesure 300 m)! Cette tour ressemble à un majestueux bambou bleu turquoise et abrite quelque 12 000 personnes réparties sur 101 étages. La deuxième plus haute tour du monde, le *World Financial Center*, se trouve à Shanghai, en Chine également, et les troisièmes, les *Petronas Twin Towers*, à Kuala Lumpur, en Malaisie.

Mais le véritable spectacle se situe à Hong Kong, une ville du sud de la Chine, aussi grande que l'île française de la Martinique. Son quartier des affaires regroupe plusieurs des 10 plus hautes tours du monde. Avec près de 6 000 immeubles de plus de 150 m de haut, Hong Kong est ainsi devenue la première ville au monde à posséder autant de gratte-ciel, devant New York !

Mais l'Asie voit encore plus haut, et part désormais à la conquête de l'espace. En septembre 2008, la Chine a envoyé autour de la Terre une fusée avec à son bord trois « taïkonautes », terme désignant les astronautes chinois. Quelques semaines plus tard, l'Inde réussissait à poser sur la Lune un vaisseau qui effectuera pendant deux ans des expériences et des études !

Cette quête de records est aussi un message envoyé au monde entier : en allant aussi haut, les grands pays d'Asie veulent montrer qu'il faut désormais compter avec eux.

Plusieurs pays asiatiques envoient des fusées dans l'espace, comme la Chine et l'Inde.

Un barrage spectaculaire

Le barrage des Trois-Gorges est l'une des constructions humaines les plus spectaculaires… Mais aussi les plus critiquées, à cause des conséquences sur les populations et sur l'environnement.

Le Yangzi a un joli surnom : on l'appelle le « fleuve bleu ». Mais les colères de ce fleuve de 6 300 km qui traverse la Chine en son milieu, depuis l'Himalaya jusqu'à la mer Jaune, ont toujours été terribles ! Ses eaux tumultueuses, nourries des pluies, ont souvent provoqué des inondations meurtrières. C'est pour éviter cela, mais également pour produire de l'électricité et apporter de l'eau dans les champs, que les autorités chinoises ont construit un barrage géant dans la vallée des Trois-Gorges.

Ce barrage est comme un monstre de béton dressé sur le chemin du fleuve bleu. Long de 2 km et haut de 100 m, muni de 26 hélices de 25 m de diamètre pour absorber l'eau et produire du courant, il va créer un lac géant qui sera aussi grand que la Suisse !

Ce chantier colossal, qui sera bientôt terminé, a provoqué beaucoup de disputes entre partisans et adversaires de ce projet. Il faut dire qu'il a entraîné le déplacement de près d'un million de personnes qui vivaient sur les rives du fleuve depuis des générations et qui ont reçu des aides trop faibles pour s'installer ailleurs. Des villages entiers ont été noyés. De vrais drames humains ! La montée des eaux a aussi englouti des trésors historiques, comme des temples, des grottes ou des tombes.

On estime également qu'en modifiant le rythme du fleuve, ce barrage met en danger des espèces animales, comme le dauphin de Chine qui ne vivait que dans ces eaux. Enfin, on craint que le barrage ne résiste pas à un tremblement de terre. S'il a calmé la colère du fleuve, le barrage des Trois-Gorges n'a pas calmé celle des hommes…

Le barrage possède une retenue d'eau d'une capacité de 39,3 milliards de m³.

L'Asie : le continent de la pêche

Au marché aux poissons de Tokyo, des milliers de thons congelés sont vendus chaque matin dès l'aube.

« *Quand un homme a faim, mieux vaut lui apprendre à pêcher que de lui donner un poisson* », disait Confucius, un célèbre philosophe chinois. Et les peuples d'Asie ont bien retenu la leçon ! Ils ont toujours été de grands pêcheurs, ce qui se comprend, car leur continent est entouré d'eau. Soucieux de nourrir leur population de plus en plus importante, mais également de vendre du poisson au monde entier, de nombreux pays se sont mis à pêcher énormément. Aujourd'hui, deux des trois premiers pays de pêche du monde sont asiatiques – Chine, Japon – et le troisième – la Russie – l'est en partie.

Mais leur activité est trop importante : elle menace la survie des espèces de poissons. Ce n'est pas la faute des petits pêcheurs qui travaillent encore souvent sur des bateaux à voile et récoltent de faibles quantités pour leurs familles ou leurs villages. Ce sont de grandes compagnies qui ont mis en œuvre d'immenses flottes, avec de véritables « bateaux usines » dans lesquels les poissons sont découpés et empaquetés aussitôt après avoir été pêchés. Depuis quelque temps, on s'inquiète beaucoup car les poissons que les pêcheurs rapportent dans leurs filets sont de plus en plus petits, signe que les espèces disparaissent ou n'ont plus le temps de se reproduire. On essaie de prendre des mesures pour que ces pays réduisent leurs cadences de pêche ou développent l'élevage de poissons dans des « fermes aquatiques ».

Les pêcheurs d'aujourd'hui devraient méditer cette autre citation de Confucius, qui affirmait que « *c'est un tort égal de pêcher par excès ou par défaut* », car de la pêche excessive au péché de convoitise, il n'y a parfois qu'un pas…

Le Japon pratique la pêche à la baleine, qui est pourtant une espèce menacée.

Les plus grands archipels du monde

Vue aérienne de l'archipel des Raja Ampat en Indonésie, qui est composé de 610 îles. Les quatre plus grandes îles sont Waigeo, Batanta, Salawati et Misool.

Qui n'a jamais rêvé de vivre sur une île ? En tout cas, c'est en Asie que l'on a le plus grand choix : entre les îles indonésiennes ou celles des Philippines, les îles japonaises, chinoises ou thaïlandaises, chacun pourra trouver son bonheur et des milliers d'îlots inhabités pour jouer à Robinson Crusoé !

Le pays le plus surprenant est l'Indonésie. Avec environ 17 000 îles, c'est le plus grand archipel du monde, qui s'étale sur 5 000 km d'ouest en est. Si 91 % de la population vit sur les grandes îles de Java, Sumatra, Sulawesi (Célèbes), Kalimantan (Bornéo) et la Papouasie Nouvelle-Guinée, le reste se répartit sur des milliers d'îles parfois très petites. L'Indonésie est ainsi une véritable mosaïque d'îles, mais aussi de communautés d'une grande diversité culturelle (chinoise, hindoue, européenne, japonaise) et religieuse (islam, hindouisme, bouddhisme, catholicisme, animisme). Les Philippines forment l'autre grand archipel d'Asie, avec plus de 7 000 îles. Les influences extérieures y sont également très nombreuses : l'Espagne et les États-Unis, qui ont colonisé à tour de rôle cet archipel, en ont fait l'un des rares pays catholiques de la région.

L'Indonésie et les Philippines sont ainsi de véritables « pays d'eau », mais attention ! Ce sont aussi des zones volcaniques. En Indonésie, plus de 130 volcans sont en activité, de même qu'aux Philippines, où le Pinatubo peut entrer en éruption à tout moment. C'est aussi le cas au Japon, où des tremblements de terre sont également fréquents – plus de 5 000 par an ! – même s'ils sont rarement dangereux.

Hindouisme

Catholicisme

Bouddhisme

Islam

Les archipels indonésiens comptent une grande diversité religieuse.

L'Asie, reine de l'économie ?

Considéré comme le nouveau Manhattan, le quartier de Pudon, à Shangai, tend à devenir le plus grand centre financier en 2020.

Il existe des dragons en Asie, mais ils ne volent pas et ne crachent pas de feu ! C'est ainsi que l'on appelle les pays qui ont connu une grande réussite économique. Si l'on emploie cette expression, c'est parce que le dragon est un animal mythologique très important en Asie : il symbolise la puissance.

Si le continent asiatique fut longtemps considéré comme pauvre, il s'est bien rattrapé. Il regroupe maintenant certaines des plus grandes puissances économiques du monde ! C'est le Japon, d'abord, qui a montré la voie, grâce à ses entreprises qui ont longtemps fabriqué des téléviseurs ou des chaînes hi-fi réputés. Et puis, les « petits dragons d'Asie » sont arrivés – la Corée du Sud, Hong Kong, Singapour et Taiwan – avec leurs industries fabriquant, par exemple, de l'acier. L'agriculture a aussi connu de profonds changements. Des réformes ont permis à ces pays de produire assez pour se nourrir eux-mêmes… et une bonne partie des habitants de la planète ! Ces dernières années, ce sont la Chine et l'Inde qui ont connu un développement extraordinaire. Le monde entier a les yeux fixés sur ces deux pays qui représentent des marchés incroyables avec plus de 2 milliards d'habitants !

Cette population est d'ailleurs le plus grand atout de ces pays. La moitié des habitants de l'Asie ont moins de vingt ans ! Ce sont donc des gens dynamiques qui, en plus, bénéficient d'écoles et d'universités aussi performantes que celles d'Occident.

Une grave crise financière a frappé le monde dernièrement, et l'Asie n'a pas été épargnée. Les dragons seront-ils assez puissants pour la protéger ?

Le sumo est le sport national au Japon, et il tend à s'exporter dans de nombreux pays du monde.

Une banque pour les pauvres

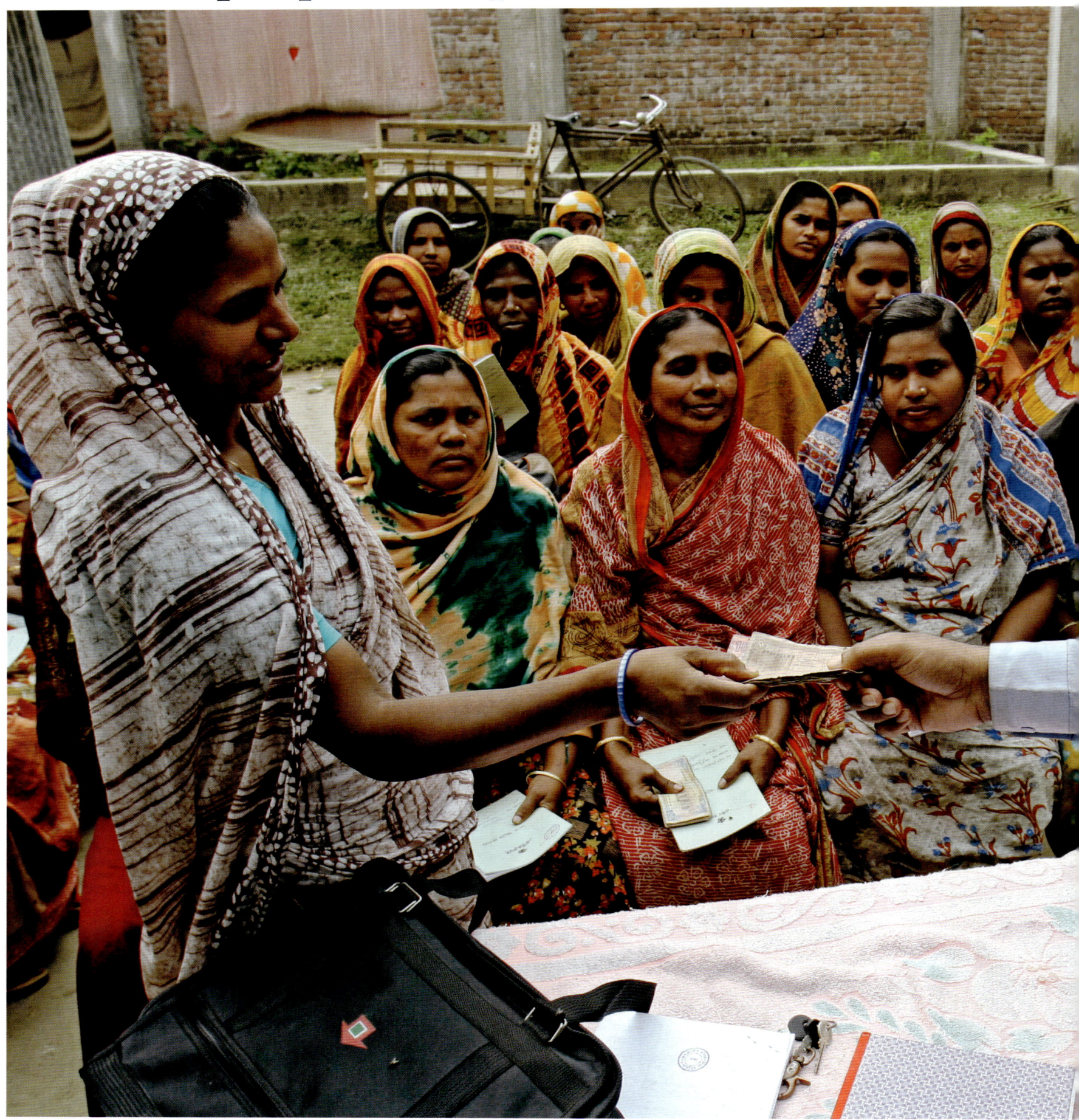

Au Bangladesh, en Inde et dans de nombreux autres pays d'Asie, la *Grameen Bank* prête de l'argent aux familles très pauvres, pour les aider à s'en sortir.

Voilà ce que dit un proverbe indien : « *Quand le dernier arbre sera abattu, la dernière rivière asséchée, le dernier poisson pêché, l'homme va s'apercevoir que l'argent n'est pas comestible.* » Cela signifie que l'argent n'a d'intérêt que s'il permet à chacun de se nourrir.

Muhammad Yunus l'a bien compris. Dans un pays proche de l'Inde, au Bangladesh, cet homme a inventé une banque pour les pauvres. Dans les années 1970, il était professeur d'économie dans ce pays parmi les plus défavorisés du monde. Il avait remarqué que les pauvres avaient des idées pour s'en sortir, mais que les banques ne leur prêtaient jamais l'argent nécessaire. Il savait aussi que les femmes sont souvent plus économes que leur mari, et font davantage profiter les enfants de l'argent dont dispose le foyer.

Il a donc imaginé de prêter de petites sommes à des femmes pauvres, afin qu'elles achètent, par exemple, un terrain ou des outils pour faire de l'agriculture. Il créa une banque qu'il appela « grameen », le mot pour « village » en bengali, la langue du pays. Mais il restait un problème : dans ce pays musulman, une ancienne tradition empêche les femmes de parler librement à un homme étranger à la famille. Yunus proposa alors à ses propres étudiantes de l'aider à contacter les femmes pauvres.

Yunus réussit son pari : il démontra que de petits prêts pouvaient permettre de sortir de la misère. Le premier prêt qu'il accorda était de 20 euros ! Il était destiné à 42 familles désireuses de fabriquer des objets artisanaux. Depuis, la *Grameen Bank* aide ceux qui en ont besoin, dans le monde entier !

Grâce aux banques les femmes peuvent vendre leur artisanat.

Quel avenir pour les femmes ?

Dans de nombreux pays, comme ici en Inde les femmes sont les grandes oubliées. Les progrès économiques et sociaux ne leur profitent que très peu, et très lentement.

Si l'on se promène dans les rues des villes et des villages de nombreux pays asiatiques, on s'aperçoit qu'il y a souvent plus de petits garçons que de petites filles. C'est que les garçons sont à l'école, tandis que les filles sont en train de travailler, seules ou avec leur mère.

Cette situation est due au fait qu'en Chine, au Pakistan, en Inde ou encore au Bangladesh, on prête moins d'attention aux filles et aux femmes qu'aux garçons et aux hommes. Des croyances sont à l'origine de cette différence. En Chine, par exemple, la tradition veut que seuls les hommes accomplissent les rites religieux ou que le nom de famille soit transmis seulement par les garçons. Mais la pauvreté est aussi souvent en cause. Ainsi, dans le monde indien, les filles qui se marient quittent leur famille d'origine pour partir dans celle de leur mari, où elles travailleront. Pour la famille de la jeune mariée, c'est une lourde perte. Pour toutes ces raisons, les parents préfèrent souvent avoir un garçon plutôt qu'une fille.

L'augmentation de la population a aussi été une raison pour limiter les naissances. En effet, quand ces pays étaient très pauvres, leurs gouvernements décidèrent d'interdire aux familles d'avoir plus d'un enfant. Mais on ne pouvait pas savoir si c'était une fille ou un garçon ! Cela explique qu'en Chine, par exemple, les petites filles qui naissaient étaient parfois abandonnées et mouraient. Mais c'était il y a longtemps !

Aujourd'hui, de nombreuses organisations se battent pour permettre aux filles d'aller à l'école et démontrer que la femme est l'égale de l'homme…

Le Sari est l'habit traditionnel de la femme indienne, un jeu de voiles en transparence faisant place à une grande sensualité.

L'art de l'écriture chinoise

L'étalage d'un kiosque à journaux dans une rue en Chine montre la vigueur de la presse et la diversité des publications.

Une légende raconte que les Chinois auraient inventé leur écriture en contemplant le mouvement des astres dans le ciel et les empreintes de pas des oiseaux dans la neige. C'est sans doute pour cela que l'écriture chinoise ressemble à un dessin !

Chaque dessin s'appelle en réalité un caractère. Il en existerait près de 50 000, mais 3 000 suffisent pour se débrouiller tous les jours ! Chaque caractère est composé de traits. Il en existe 8. Eh oui, 8 petits traits pour faire tous les caractères chinois ! Finalement, on réalise un caractère chinois comme on fait un puzzle, et en associant les caractères entre eux comme des dominos, on obtient un mot ou une idée. Le mot « lumière », par exemple, est constitué de deux caractères, « soleil » et « lune ». Associé au caractère « blanc », il sert à former le mot « comprendre ». Comment représenter des choses très abstraites, comme le bonheur ? Les Chinois disent que celui-ci est symbolisé par une mère avec son enfant. Aussi, pour écrire l'adjectif « bon », ils associent deux caractères, celui de la mère et celui du bébé.

Ce n'est pas toujours simple. Mais il faut savoir que cette écriture a un grand avantage : elle est la même pour tout le pays, ce qui permet à tous les Chinois de se comprendre… car ils ne parlent pas tous la même langue.

Quand ils veulent s'exercer à la calligraphie – l'art d'écrire joliment –, ils utilisent un pinceau, un bâtonnet d'encre qu'ils diluent sur un encrier, avant de dessiner sur du papier ou de la soie. Le caractère doit tenir dans un carré invisible, être équilibré et harmonieux. Tout un art !

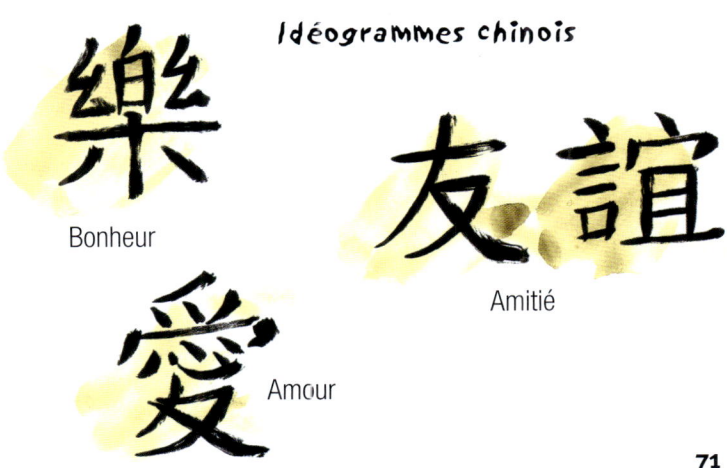

Idéogrammes chinois

樂 Bonheur

友誼 Amitié

愛 Amour

Les théâtres traditionnels

Les spectacles de théâtre sont très vivants en Asie, qu'il s'agisse de théâtre chinois (à gauche), ou de spectacles de marionnettes en Indonésie (à droite).

En Asie, le théâtre est un art traditionnel qui tient une place très importante dans la culture populaire depuis 4 000 ans. À la différence du théâtre occidental, il intéresse toutes les classes sociales, même modestes. Il n'est pas rare, par exemple, que des troupes jouent dehors, dans les villages de campagne. Autre différence, le théâtre asiatique n'évoque pas la vie de tous les jours, mais plutôt la place de l'homme dans l'univers, les dieux et le sens de l'existence. Les acteurs sont maquillés, les hommes continuent parfois de jouer les rôles de femmes, comme autrefois, et la musique est très présente.

En Inde du Sud, le théâtre kathakali est ainsi une combinaison de danses, de musiques et de rituels qui reconstitue des scènes des textes sacrés et légendaires de l'hindouisme. En Indonésie, sur les îles de Java et Bali, le théâtre d'ombres met en scène des marionnettes projetées sur un écran. Il s'appuie sur des rites très anciens qui permettraient de communiquer avec les esprits invisibles. En Chine, l'acteur est à la fois un danseur, un acrobate, un clown, un mime et un chanteur, mais attention aux oreilles ! Les chants très aigus ne sont pas toujours du goût des spectateurs occidentaux. Le théâtre japonais, lui, comprend le nô, une pièce très brève, et le kabuki, une pièce très longue évoquant des combats et des conquêtes.

Malgré la télévision, le théâtre reste un art très vivant en Asie. Il n'est pas rare que les autorités ou les associations l'utilisent pour donner des informations sur la santé ou expliquer des lois. Cet art a vraiment su traverser les siècles !

Un masque de théâtre kathakali, en Inde du Sud.

« Bollywood » à la conquête du cinéma ?

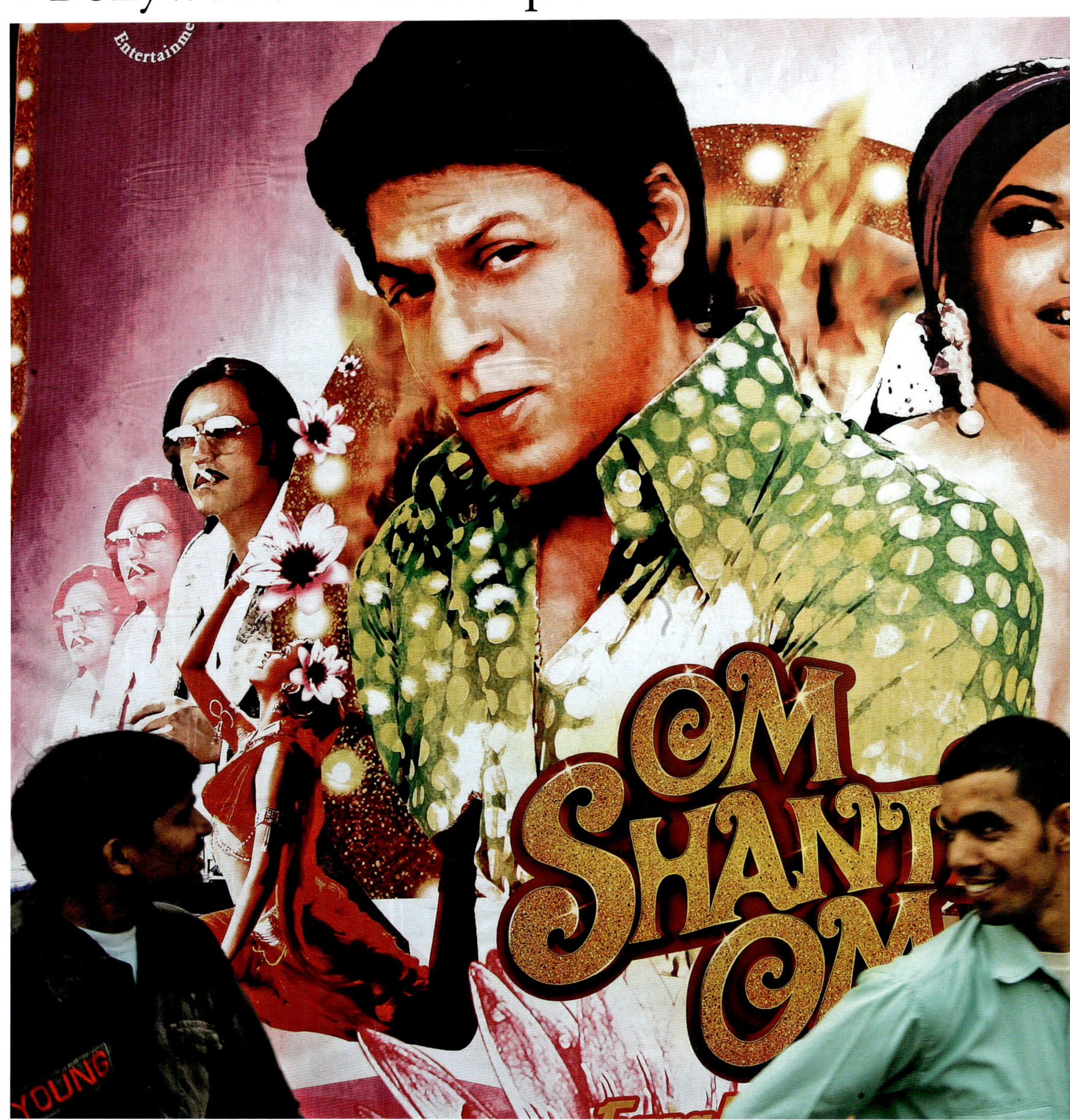

Les affiches de cinéma indien tentent d'attirer les spectateurs par la beauté des acteurs et des actrices, et des couleurs extrêmement voyantes.

En Inde, le cinéma est une passion nationale ! Dans les immenses salles de cinéma, un visiteur étranger pourrait se demander si le spectacle est sur l'écran ou autour de lui ! En effet, les spectateurs s'expriment librement, pleurent ou crient de joie à l'apparition des acteurs vedettes.

Les Indiens produisent leurs propres films, dans les studios de Kolkata (l'ancienne Calcutta), de Chennai (Madras) et surtout de Mumbai (Bombay). Ils ont d'ailleurs surnommé « Bollywood » l'industrie cinématographique de l'ancienne Bombay : c'est un mélange du nom de cette ville et de « Hollywood », la capitale américaine du cinéma. Bollywood produit même davantage de films que Hollywood ! Les 800 films qui sortent chaque année en font une industrie très prospère dans ce pays de plus d'un milliard de spectateurs ! Pour satisfaire le plus grand nombre, les films sont réalisés dans plusieurs des langues de l'Inde : le hindi, le bengali et le marathi au nord, le tamoul, le telugu et le kannada au sud.

Comme Hollywood, Bollywood a ses vedettes, qui gagnent des millions, roulent dans de belles voitures et font la couverture des journaux. Dans les films, toujours très colorés, à l'image de ce pays, les acteurs jouent la comédie, chantent et dansent. En fait, ce sont de véritables comédies musicales qui peuvent durer 4 ou 5 heures ! Bollywood fait rêver les Indiens et commence à séduire l'Occident. Quel clin d'œil de l'histoire, si, grâce au cinéma indien, l'Asie s'apprêtait à conquérir le monde !

Dans les films de Bollywood, il y a toujours des danseuses aux chorégraphies époustouflantes !

CRÉDITS PHOTOGRAPHIQUES

Garde : © Yann Layma

14-15 © Burstein Collection/Corbis

16-17 © Sabrina et Rolland Michaud/Rapho/ Eyedea

18-19 © Olivier Föllmi

20-21 © Richard Hamilton Smith/Corbis

22-23 © Olivier Föllmi

24-25 © Steve Bloom ou Zimbardo Xavier/Hoa-qui

26-27 © Frans Lanting/Corbis

28-29 © Ed Darack/Science Faction/Corbis

30-31 © Olivier Föllmi

32-33 © Olivier Föllmi

34-35 © Olivier Föllmi

36-37 © Peter Adams/zefa/Corbis

38-39 © Michel Setboun

40-41 © The Art Archive/Corbis; © David Lees/Corbis

42-43 © Eric Lafforgue/ Hoa-Qui/ Eyedea

44-45 © R. Mattes/ Hoa-Qui/ Explorer/ Eyedea

43-47 © Olivier Föllmi

48-49 © Olivier Föllmi

50-51 © Lafforgue Eric/ Hoa-Qui/ Eyedea

52-53 © Eric Bouvet/ Gamma/ Eyedea Press ; © Patrick Robert/Sygma/Corbis

54-55 © Ira Wyman/Sygma/Corbis

56-57 © Paul Souders/Corbis

58-59 © Xiaoyang Liu/Corbis

60-61 © Philip Plisson

62-63 © David Doubilet/Getty

64-65 © Olivier Föllmi

66-67 © Philippe Lissac/Godong/Corbis

68-69 © Veronique Durruty/Rapho/ Eyedea

70-71 © Olivier Föllmi

72-73 © Veronique Durruty/Rapho/ Eyedea; © D.Lefranc/Hoa-Qui/Eyedea

74-75 © AFP Photo/Tauseef Mustafa

Raconte-moi encore...

Milieu naturel

 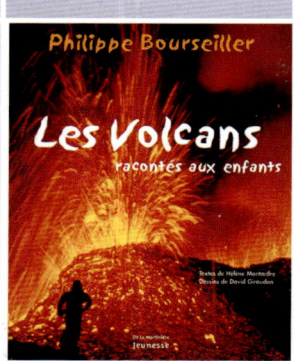 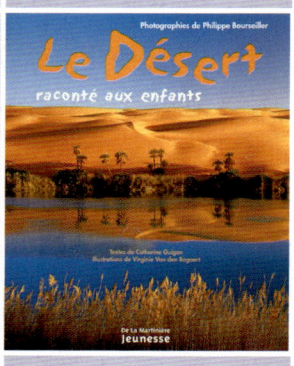  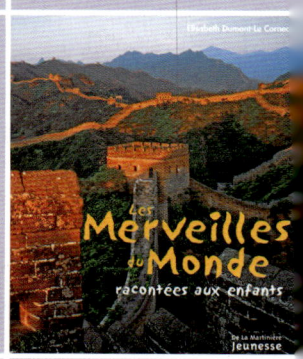

 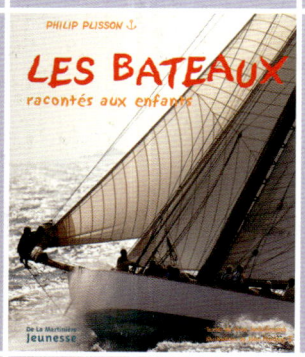   

  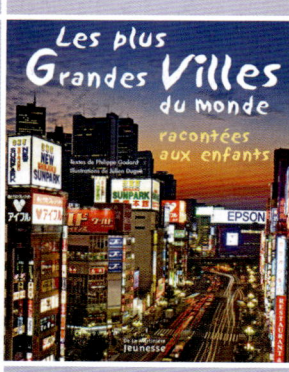